Rainbow Pink Flower Bloom Painting Large 8.5x11 2016 Monthly Planner

By Laura's Cute Planners

Copyright © 2015

All rights reserved. No part of this publication may be reproduced, distributed, or transmitted in any form or by any means, including photocopying, recording, or other electronic or mechanical methods, without the prior written permission of the publisher

JANUARY

27 SUN 2015	28 MON 2015	29 TUE 2015	30 WED 2015
3 SUN 2016	4 MON 2016	5 TUE 2016	6 WED 2016
10 SUN 2016	11 MON 2016	12 TUE 2016	13 WED 2016
17 SUN 2016	18 MON 2016 MARTIN LUTHER KING DAY	19 TUE 2016	20 WED 2016
24 SUN 2016	25 MON 2016	26 TUE 2016	27 WED 2016

2016

			NOTES
31 THU 2016	1 FRI 2016 NEW YEAR'S DAY	2 SAT 2016	
7 THU 2016	8 FRI 2016	9 SAT 2016	
14 THU 2016	15 FRI 2016	16 SAT 2016	
21 THU 2016	22 FRI 2016	23 SAT 2016	
28 THU 2016	29 FRI 2016	30 SAT 2016	

FEBRUARY

31 SUN 2016	1 MON 2016	2 TUE 2016	3 WED 2016
7 SUN 2016	8 MON 2016	9 TUE 2016	10 WED 2016
	CHINESE NEW YEAR		ASH WEDNESDAY
14 SUN 2016	15 MON 2016	16 TUE 2016	17 WED 2016
VALENTINE'S DAY	PRESIDENT'S DAY		
21 SUN 2016	22 MON 2016	23 TUE 2016	24 WED 2016
28 SUN 2016	29 MON 2016	1 TUE 2016	2 WED 2016

2016

4 THU 2016	**5** FRI 2016	**6** SAT 2016	NOTES
11 THU 2016	**12** FRI 2016 LINCOLN'S BIRTHDAY	**13** SAT 2016	
18 THU 2016	**19** FRI 2016	**20** SAT 2016	
25 THU 2016	**26** FRI 2016	**27** SAT 2016	
3 THU 2016	**4** FRI 2016	**5** SAT 2016	

MARCH

28 SUN 2016	29 MON 2016	1 TUE 2016	2 WED 2016
6 SUN 2016	7 MON 2016	8 TUE 2016	9 WED 2016
13 SUN 2016 *DAYLIGHT SAVINGS*	14 MON 2016	15 TUE 2016	16 WED 2016
20 SUN 2016	21 MON 2016	22 TUE 2016	23 WED 2016
27 SUN 2016 *EASTER SUNDAY*	28 MON 2016	29 TUE 2016	30 WED 2016

2016

3 THU 2016	**4** FRI 2016	**5** SAT 2016	NOTES
10 THU 2016	**11** FRI 2016	**12** SAT 2016	
17 THU 2016 — ST. PATRICK'S DAY	**18** FRI 2016	**19** SAT 2016	
24 THU 2016	**25** FRI 2016 — GOOD FRIDAY	**26** SAT 2016	
31 THU 2016	**1** FRI 2016	**2** SAT 2016	

APRIL

27 SUN 2016	28 MON 2016	29 TUE 2016	30 WED 2016
3 SUN 2016	4 MON 2016	5 TUE 2016	6 WED 2016
10 SUN 2016	11 MON 2016	12 TUE 2016	13 WED 2016
17 SUN 2016	18 MON 2016	19 TUE 2016	20 WED 2016
24 SUN 2016	25 MON 2016	26 TUE 2016	27 WED 2016

2016

31 THU 2016	**1** FRI 2016	**2** SAT 2016	NOTES
	APRIL FOOL'S DAY		
7 THU 2016	**8** FRI 2016	**9** SAT 2016	
14 THU 2016	**15** FRI 2016	**16** SAT 2016	
	TAXES DUE		
21 THU 2016	**22** FRI 2016	**23** SAT 2016	
		FIRST DAY OF PASSOVER	
28 THU 2016	**29** FRI 2016	**30** SAT 2016	

MAY

1 SUN 2016	**2** MON 2016	**3** TUE 2016	**4** WED 2016
8 SUN 2016 — MOTHER'S DAY	**9** MON 2016	**10** TUE 2016	**11** WED 2016
15 SUN 2016	**16** MON 2016	**17** TUE 2016	**18** WED 2016
22 SUN 2016	**23** MON 2016	**24** TUE 2016	**25** WED 2016
29 SUN 2016	**30** MON 2016 — MEMORIAL DAY	**31** TUE 2016	**1** WED 2016

2016

5 THU 2016 CINCO DE MAYO	6 FRI 2016	7 SAT 2016	NOTES
12 THU 2016	13 FRI 2016	14 SAT 2016	
19 THU 2016	20 FRI 2016	21 SAT 2016	
26 THU 2016	27 FRI 2016	28 SAT 2016	
2 THU 2016	3 FRI 2016	4 FRI 2016	

JUNE

29 SUN 2016	30 MON 2016	31 TUE 2016	1 WED 2016

5 SUN 2016	6 MON 2016	7 TUE 2016	8 WED 2016

12 SUN 2016	13 MON 2016	14 TUE 2016	15 WED 2016
		FLAG DAY	

19 SUN 2016	20 MON 2016	21 TUE 2016	22 WED 2016
FATHER'S DAY			

26 SUN 2016	27 MON 2016	28 TUE 2016	29 WED 2016

2016

2 THU 2016	3 FRI 2016	4 SAT 2016	NOTES
9 THU 2016	10 FRI 2016	11 SAT 2016	
16 THU 2016	17 FRI 2016	18 SAT 2016	
23 THU 2016	24 FRI 2016	25 SAT 2016	
30 THU 2016	1 FRI 2016	2 SAT 2016	

JULY

26 SUN 2016	27 MON 2016	28 TUE 2016	29 WED 2016
3 SUN 2016	4 MON 2016	5 TUE 2016	6 WED 2016
	INDEPENDENCE DAY		
10 SUN 2016	11 MON 2016	12 TUE 2016	13 WED 2016
17 SUN 2016	18 MON 2016	19 TUE 2016	20 WED 2016
24 SUN 2016	25 MON 2016	26 TUE 2016	27 WED 2016

2016

30 THU 2016	1 FRI 2016	2 SAT 2016	NOTES
7 THU 2016	8 FRI 2016	9 SAT 2016	
14 THU 2016	15 FRI 2016	16 SAT 2016	
21 THU 2016	22 FRI 2016	23 SAT 2016	
28 THU 2016	29 FRI 2016	30 SAT 2016	

AUGUST

31 SUN 2016	1 MON 2016	2 TUE 2016	3 WED 2016
7 SUN 2016	8 MON 2016	9 TUE 2016	10 WED 2016
14 SUN 2016	15 MON 2016	16 TUE 2016	17 WED 2016
21 SUN 2016	22 MON 2016	23 TUE 2016	24 WED 2016
28 SUN 2016	29 MON 2016	30 TUE 2016	31 WED 2016

2016

4 THU 2016	5 FRI 2016	6 SAT 2016	NOTES
11 THU 2016	12 FRI 2016	13 SAT 2016	
18 THU 2016	19 FRI 2016	20 SAT 2016	
25 THU 2016	26 FRI 2016	27 SAT 2016	
1 THU 2016	2 THU 2016	3 THU 2016	

SEPTEMBER

28 SUN 2016	29 MON 2016	30 TUE 2016	31 WED 2016
4 SUN 2016	5 MON 2016 **LABOR DAY**	6 TUE 2016	7 WED 2016
11 SUN 2016 **PATRIOT DAY**	12 MON 2016	13 TUE 2016	14 WED 2016
18 SUN 2016	19 MON 2016	20 TUE 2016	21 WED 2016
25 SUN 2016	26 MON 2016	27 TUE 2016	28 WED 2016

2016

1 THU 2016	2 FRI 2016	3 SAT 2016	NOTES
8 THU 2016	9 FRI 2016	10 SAT 2016	
15 THU 2016	16 FRI 2016	17 SAT 2016	
22 THU 2016	23 FRI 2016	24 SAT 2016	
29 THU 2016	30 FRI 2016	1 SAT 2016	

OCTOBER

25 SUN 2014	26 MON 2014	27 TUE 2014	28 WED 2014
2 SUN 2016	3 MON 2016	4 TUE 2016	5 WED 2016
9 SUN 2016	10 MON 2016	11 TUE 2016	12 WED 2016
16 SUN 2016	17 MON 2016	18 TUE 2016	19 WED 2016
23 SUN 2016	24 MON 2016	25 TUE 2016	26 WED 2016

2016

29 THU 2016	30 FRI 2016	1 SAT 2016	NOTES
6 THU 2016	7 FRI 2016	8 SAT 2016	
13 THU 2016	14 FRI 2016	15 SAT 2016	
20 THU 2016	21 FRI 2016	22 SAT 2016	
27 THU 2016	28 FRI 2016	29 SAT 2016	

NOVEMBER

30 SUN 2016	31 MON 2016 HALLOWEEN	1 TUE 2016	2 WED 2016
6 SUN 2016 DAYLIGHT SAVINGS	7 MON 2016	8 TUE 2016 ELECTION DAY	9 WED 2016
13 SUN 2016	14 MON 2016	15 TUE 2016	16 WED 2016
20 SUN 2016	21 MON 2016	22 TUE 2016	23 WED 2016
27 SUN 2016	28 MON 2016	29 TUE 2016	30 WED 2016

2016

3 THU 2016	**4** FRI 2016	**5** SAT 2016
10 THU 2016	**11** FRI 2016 VETERAN'S DAY	**12** SAT 2016
17 THU 2016	**18** FRI 2016	**19** SAT 2016
24 THU 2016 THANKSGIVING DAY	**25** FRI 2016	**26** SAT 2016
1 THU 2016	**2** FRI 2016	**3** SAT 2016

NOTES

DECEMBER

27 SUN 2016	28 MON 2016	29 TUE 2016	30 WED 2016
4 SUN 2016	5 MON 2016	6 TUE 2016	7 WED 2016
11 SUN 2016	12 MON 2016	13 TUE 2016	14 WED 2016
18 SUN 2016	19 MON 2016	20 TUE 2016	21 WED 2016
25 SUN 2016	26 MON 2016	27 TUE 2016	28 WED 2016

2016

1 THU 2015	2 FRI 2015	3 SAT 2015	NOTES
8 THU 2015	9 FRI 2015	10 SAT 2015	
15 THU 2015	16 FRI 2015	17 SAT 2015	
22 THU 2015	23 FRI 2015	24 SAT 2015 *HANNUKAH BEGINS*	
29 THU 2015	30 FRI 2016	31 SAT 2016 *NEW YEARS EVE*	